Le P. Jean-Louis DABO

DE LA

CONGRÉGATION DE JÉSUS ET MARIE

Sous-Lieutenant d'Artillerie

Tombé au Champ d'honneur

LE 4 AOUT 1917

BESANÇON

IMPRIMERIE CATHOLIQUE DE L'EST

—

1917

UNE FLEUR DU SAINT ABANDON

Le P. Jean-Louis DABO

DE LA

CONGRÉGATION DE JÉSUS ET MARIE

SOUS-LIEUTENANT D'ARTILLERIE

Tombé au Champ d'honneur le 4 Août 1917

Le saint abandon ! Que de choses en ces deux mots ! S'abandonner, n'est-ce pas se renoncer, se quitter, s'aliéner, se perdre, et tout ensemble se livrer sans mesure, sans réserve, et presque sans regard, à celui qui doit posséder. Mais ici Celui qui doit posséder, c'est Dieu, et la volonté de Dieu, nous dit l'Apôtre, est notre sanctification, c'est-à-dire notre conformité parfaite à ses conceptions. Nous unir à Lui, nous consommer en Lui, voilà ce qu'Il veut uniquement, ce à quoi Il travaille incessamment. Si cette volonté divine était partout maîtresse, si notre obéissance répondait à ses droits, notre amour à son amour, la terre ne serait plus la terre, mais le ciel : le ciel avec sa pleine liberté, son intarissable paix, son inaltérable joie. Heureuses les âmes qui ont compris cette vérité et qui savent s'abandonner au bon plaisir divin ! Elles ont trouvé un chemin très court et très sûr pour arriver à la sainteté ; elles goûtent, dès cette vie, quelque chose des célestes suavités après lesquelles elles soupirent ; elles vivent dans une filiale, amoureuse, paisible et joyeuse dépendance de Dieu : enfants d'un jour et d'une heure en quelque sorte, quels que soient leur âge ou leur dignité, puisqu'elles n'ont, d'elles-mêmes et toutes seules, ni pensée, ni parole, ni mouvement, ni vie ; enfants pour ainsi dire cachés dans le sein, allaités aux mamelles, portés sur les bras, livrés aux droits, aux volontés, aux bons plaisirs, aux usages, aux sourires ineffables, aux caresses sans pareilles, à l'amour infini de la Divinité, qui est leur père et leur mère.

Hélas ! La fleur du *saint abandon* est une fleur toujours trop rare, oujours trop peu cultivée. Aussi, quand on la rencontre, la cueille-t-on avec autant d'émotion que de respect, pour en respirer le parfum, pour en admirer la sereine beauté et la faire admirer aux autres comme un des plus beaux chefs-d'œuvre de Dieu. Tels ont été nos sentiments, et tels nos désirs, après avoir parcouru la correspondance d'un de nos jeunes confrères, tombé au champ d'honneur le 4 août 1917 : le sous-lieutenant d'artillerie **Jean-Louis Dabo** ; et ces sentiments et ces désirs ont été confirmés, avivés par les notes que nous ont transmises ceux qui l'ont le plus intimement connu. Voilà pourquoi nous lui consacrons ces pages, où nous nous efforçons de mettre en pleine lumière les merveilles accomplies dans cette jeune âme par la pratique fidèle du *saint abandon*. Ses amis, ses directeurs, nous révèleront, sans doute, quelques-uns des secrets qu'il se plut à leur confier ; mais, le plus souvent, au cours de la guerre, il parlera lui-même, et sa parole, soutenue par son exemple, continuera d'entraîner les âmes dans ces sentiers célestes, où il désirait tant les voir marcher.

❧ ❧

Jean-Louis-Marie-Mathurin Dabo naquit à Tréal, au diocèse de Vannes, le 24 mars 1892, dans une famille très chrétienne, qui devait compter six enfants, trois garçons et trois filles. Interrogée sur son enfance, sa bonne mère a répondu, tout accablée par le coup qui la frappait, qu' « il était comme tous les autres enfants de son âge. » Rien ne semblait donc le distinguer extérieurement de ses petits camarades, et pourtant Dieu l'avait marqué d'un signe de prédestination, prévenu d'une grâce spéciale, à laquelle il 'avait fidèlement répondu, puisqu'il commença d'étudier le latin et le grec au presbytère et qu'en octobre 1905 il entrait dans la classe de quatrième au Petit Séminaire de Ploërmel. L'œil du prêtre avait discerné en lui une vocation ecclésiastique.

Le vent était alors aux expulsions : le Petit Séminaire de Ploërmel fut fermé, et Jean-Louis dut achever sa troisième, à Vannes, au collège Saint François-Xavier.

Quand une âme est droite et docile aux grâces reçues, Dieu sait lui ménager les rencontres nécessaires pour lui ouvrir les voies et la mener où il la veut. Or Dieu voulait Jean-Louis dans la Congrégation de Jésus et Marie et non dans le clergé de Vannes. Il lui avait mis au cœur une flamme, dans l'esprit un idéal, dans la volonté une ardeur d'immolation, qui ne trouvaient pas leur compte dans le ministère paroissial, si saint, si admirable qu'il soit. Sa providence se chargea donc de l'acheminer vers le Juvénat eudiste de Gysegem, en Belgique, où il arriva, vers la fin de septembre 1907, en compagnie d'autres Morbihanais rentrant de vacances. Un peu isolé du groupe qui, de la gare, se dirigeait joyeusement vers le séminaire de la Sainte-Famille, ce grand et maigre garçon attira l'attention d'un de ses camarades, de nationalité belge, qui l'aida à porter ses bagages : et ce fut, entre les deux, le commencement d'une sainte et solide amitié.

Peu de jours après, c'était la retraite, et, après la retraite, la vie d'étude. Le souvenir de la Bretagne accidentée et pittoresque, qui d'ordinaire hante pendant plusieurs semaines les nouveaux arrivés du pays d'Arvor dans un pays plat et monotone, de mœurs et de coutumes très différentes des mœurs et des coutumes bretonnes, ne sembla pas trop le tourmenter, il se mit dès l'abord consciencieusement à l'ouvrage. En dehors de sa maigreur et de sa grande taille, qui lui valut parmi ses condisciples le surnom de « *grand maigre* », rien ne le distingua des autres durant son Juvénat. Tout en se classant toujours parmi les premiers élèves de sa classe, grâce à son travail régulier et méthodique, il n'eut rien de ce brillant qui révèle une intelligence d'élite. Peu porté vers les parties de l'enseignement, où la mémoire, l'imagination, la sensibilité jouent un rôle important, il préférait l'étude des sciences et particulièrement des mathématiques à celles de la littérature et de l'histoire, de l'histoire surtout.

Son caractère était un peu à l'image de son esprit : froid, réservé quoique toujours aimable, résolu et énergique. On l'estimait pour sa vertu, mais d'aucuns redoutaient sa sévérité, et, quand, rhétoricien, il lui arrivait de remplacer les Pères à l'étude ou à la récréation, son ton sec en intimidait plus d'un. Aussi lui souhaitait-on, pour plus tard, une bonne place de surveillant dans une division turbulente de collège. D'une humeur assez égale d'ailleurs, on le vit rarement disputer ou s'émouvoir, mais, une fois en colère, il n'eût pas fait bon le toucher.

En somme, durant ses deux années de Juvénat, sa piété, son travail, sa régularité, sa vertu le firent aimer de ses camarades, malgré certaines aspérités, et estimer des Pères qui le dirigeaient.

Sa rhétorique terminée, il partit en vacances dans sa famille ; dernières vacances de jeune homme, au bout desquelles il se séparerait définitivement du monde. Grave question que l'entrée au noviciat d'une société religieuse ! Aussi profita-t-il de ces jours de délassement pour aller faire une retraite à l'abbaye de Thymadeuc. Non qu'il doutât de sa vocation, à ses yeux elle était certaine ; mais parce qu'il voulait se préparer davantage à ce grand acte, qui marque une date dans la vie. Cette retraite fut pour lui la source de grandes grâces spirituelles, comme il l'avoua dans la suite.

Sa retraite d'entrée au noviciat, non moins fervente, lui valut des grâces plus grandes encore : on peut la regarder comme le principe de cette admirable vie spirituelle qui devait aller toujours grandissant, à la grande édification de ses jeunes confrères. Dès les les premiers jours qui suivirent, il prit entièrement l'esprit de la Probation, et il apparut comme le novice parfait : au bout de quelques semaines, le changement, la transformation éclata à tous les yeux, et son exemple entraîna. Soucieux de cacher, même à ses plus intimes, les grandes choses que la grâce opérait en lui, sa modestie n'empêchait pourtant point ceux-ci de constater combien Jésus était devenu le constant objet de ses pensées et de ses affections ; combien pour affermir, pour resserrer cette union de son âme avec le Bien-Aimé, il ne négligeait aucun, absolument aucun des secours que la Règle mettait à sa disposition : oraison, lectures, examens, conférences. Avec quelle attention surtout il s'appliquait à l'observation de tous les points de cette même Règle, dans laquelle sa foi lui montrait le chemin que Notre-Seigneur lui avait tracé pour le former à son amour ! De cette amoureuse fidélité, Jésus le récompensa, comme il sait récompenser les âmes de bonne volonté, qui ne veulent, qui ne recherchent que lui en toutes choses, par des souffrances et par des joies intérieures. Celles-ci lui furent octroyées largement durant la retraite préparatoire à la fête du saint Cœur de Marie, le 8 février. On le vit, durant ces jours, tout rayonnant de bonheur et d'amour, et, malgré sa modestie et son humilité, des oreilles amies en recueillirent quelques échos.

Après les joies vint l'épreuve, une lourde épreuve. Vers la fin du carême, sa santé inspira des craintes. Des douleurs de tête, une grande faiblesse de poitrine l'obligèrent à consulter le médecin, et le médecin le déclara menacé du même mal qu'un autre novice, qui venait de quitter Gysegem : la tuberculose. Qu'on juge de son affliction à cette nouvelle : un moment même, il sembla perdre courage, et les visiteurs qui tâchaient de le récréer à l'infirmerie, n'arrivaient point à dissiper les nuages sombres qui enveloppaient son âme. Un jour cependant l'un d'eux, dès son entrée, l'aperçut souriant et comme rayonnant de joie. Son étonnement n'échappa pas au malade, qui lui tendant ouverte son *Imitation* de Jésus-Christ, lui en fit lire un passage : « J'ai trouvé maintenant, dit-il ; à quoi bon m'attrister ? Qu'importe que je meure poitrinaire ? N'est-ce pas le plus grand acte d'amour que de s'abandonner totalement à Jésus, alors surtout que l'on souffre ? » Le divin Maître venait de lui révéler les voies du *saint abandon*, dans lesquelles il devait si admirablement évoluer jusqu'à son dernier soupir, et cette révélation le remplissait déjà d'une joie débordante. Le mal fut conjuré par un régime énergique et une suralimentation continue, et les beaux jours de l'été le ramenèrent au milieu de ses jeunes confrères : avec eux il put achever son noviciat.

🙢 🙢

» Le noviciat ! aimait-il à redire plus tard dans de pieuses confidences à des amis, quelle heureuse année j'ai passée là ! » Et, la voix de ces amis faisant écho à la sienne, il leur en révélait mille petits détails, qui leur montraient combien la vie d'union à Jésus lui tenait au cœur, combien il l'avait étudiée, dans les auteurs spirituels et dans la vie des saints. Entre toutes, les *Œuvres* de notre Bienheureux Père avaient ses préférences avec celles de sainte Thérèse, dont il aimait à lire et à relire « *sa vie écrite par elle-même* » ; il en faisait ses délices ; même en pleine guerre, elle ne le quittait pas, et sa lecture constituait un de ses plus doux passe-temps, il en parlait souvent dans ses lettres.

L'écorce toutefois était encore un peu dure ; mais, à qui l'approchait assidûment, se dévoilait un cœur généreux, aimant, sensible, d'une sensibilité surnaturelle autant que profonde. Son humilité progressait chaque jour : chargé de faire aux novices un cours de liturgie, il ne réussit pas à le rendre intéressant ; il le savait et ne le continua pas moins sans se plaindre ni s'excuser. Avec son humilité, progressait sa serviabilité, il se faisait aimable et dévoué pour tous ses frères. On lui confia le soin des lampes de la maison, emploi pénible surtout dans la saison de l'hiver, parce qu'il cause de nombreux dérangements. Or, bien rarement vit-on se dessiner sur son visage un signe de léger mécontentement ; encore cette première impression était-elle vite maîtrisée, pour faire place à un bon sourire. Et qui dira son amour de sa Congrégation ? Il ne rêvait que de se dépenser pour elle et ses œuvres : sa vie et son être lui lui appartenaient tout entiers. Et sa chasteté toute virginale, avec quel soin il la préservait de tout ce qui aurait pu la ternir ! Un jour on le surprit à barbouiller d'encre les figures décolletées ou peu vêtues qui se trouvaient dans le *Larousse* : il voulait éviter jusqu'à l'ombre du scandale.

Tel fut le frère Dabo pendant son noviciat, tel il ne cessa d'être durant ses deux années de philosophie scolastique : il y tendit de toutes ses forces vers la plus grande perfection, tout en s'attachant à approfondir les matières du cours. De même en fut-il durant ses deux années de théologie, couronnées, la première par l'incorpor-a tion et le sous-diaconat, la seconde par le diaconat, l'un et l'autre reçus des mains de Mgr Lagraive, évêque auxiliaire du cardinal-archevêque de Malines, dans la chapelle même du Séminaire. Ce furent des années d'études sérieuses et d'un labeur continu, où il acquit une science solide, pouvant servir de base à des études plus élevées. Pas de temps perdu à des bagatelles ou à des matières en dehors du cadre de l'enseignement, il le savait trop précieux pour le dissiper. Ses loisirs d'ailleurs peu nombreux, il les consacrait à l'étude de l'harmonium ou du chant, en sa qualité d'organiste et de maître de chant.

Incorporé le 8 février 1913, et ordonné sous-diacre le 6 juillet de la même année, une nouvelle obligation commença pour lui, celle de la récitation du bréviaire : obligation bien douce et qu'il s'efforça d'accomplir le plus saintement possible, *attente ac devote*, essayant de pénétrer le sens des mots et s'associant de toute son âme à la sainte Église dans la louange quotidienne qu'elle rend à Dieu par la bouche de ses prêtres et de ses religieux.

Devenu l'un des aînés du scolasticat, son grand souci fut de montrer en tout et partout le bon exemple. Il ne se contenta pas de faire régner parmi ses confrères l'entrain et la bonne humeur dans les récréations et les promenades, ainsi qu'une aimable et cordiale charité fraternelle ; il voulut encore les entraîner, et avec quel tact et quelle discrétion, dans le chemin de la perfection. Que de conversations sanctifiantes où il n'était question que de vie spirituelle et d'amour du bon Dieu, et combien intéressantes, et combien touchantes parfois ! Que de jeunes sont sortis de sa compagnie plus forts, plus décidés ! Combien même ont trouvé auprès de lui lumière et réconfort dans leurs difficultés et leurs peines ! Un mot de sa part a souvent été le principe de nombreux actes de vertu. Il était vraiment né pour être chef et pour diriger.

Est-il étonnant après cela que devenu soldat, officier, il se soit fait aimer et respecter ? Certes le métier des armes était bien loin de sa pensée durant tout son séminaire. Insoumis, quand la guerre éclata, il n'hésita pourtant pas devant le devoir à accomplir. Ayant pris l'avis de ses supérieurs, il partit se mettre en règle avec l'autorité militaire...

Mais, avant de le suivre à la caserne, puis sur les champs de bataille, recueillons trois jugements d'ensemble qui corroboreront et compléteront ce que nous venons de dire, en même temps qu'ils nous aideront à mieux saisir ce qu'il fut et ce qu'il nous dira de lui-même dans la dernière phase de sa trop courte existence. Le premier est d'un jeune prêtre, son confrère, qui l'a intimement connu.

Il nous écrit :

« Oui, j'ai beaucoup connu le P. Dabo, et c'est avec une profonde douleur que j'ai appris la mort de ce bon confrère. Nous nous sommes toujours suivis dans nos études, nous nous causions librement, je dirai même très intimement. J'ai toujours remarqué en lui un jugement très droit, desservi par une volonté de fer mais détrempée par un immense amour de Dieu.

« Ce jugement si sûr le poussa du premier coup à cette conclusion que, Dieu devant être aimé par le prêtre, celui-ci ne devait pas lui marchander son amour. Aussi le vit-on, dès son noviciat, s'adonner de toute son âme à la vie spirituelle, et négligeant les jugements humains, accomplir sans fausse honte toutes les pratiques de piété que lui suggérait sa ferveur, s'agenouillant, par exemple, devant les statues de la cour ou du cloître du noviciat et y prolongeant ses ardentes prières. De même, plus tard, dirigeait-il un groupe de promeneurs, il lui donnait comme but la visite de quelque sanctuaire vénéré ou d'une madone aimée, et, sur le parcours, on entrait dans toutes les églises qu'on rencontrait, à l'imitation du B. J. Eudes.

« Exact observateur du silence, et très ami du recueillement, dès que la cloche annonçait la fin de la récréation, il donnait son cœur à Dieu et sur son visage se reflétait l'intimité de son union avec le Bien-Aimé. Je connais des confrères, pour lesquels son attitude recueillie était une éloquente prédication, et l'un d'eux m'avouait que, dans ces moments, il aurait voulu lui ouvrir le cœur pour y trouver ses sentiments d'amour divin. Il est vrai que le P. Dabo éprouvait la même impression auprès de ses confrères les plus pieux. Il me disait de l'un d'eux : « J'ai vécu deux ans avec lui, je ne lui ai jamais causé intimement, mais que sa simple vue m'a fait du bien ! »

« Peu à peu le bon frère était arrivé à avoir sur les autres une véritable et sanctifiante influence. Sa vertu étant reconnue de tous, on écoutait et suivait volontiers ses conseils, marqués au coin de la plus virile énergie. Héroïque, il entendait faire pratiquer à ceux qui le fréquentaient une vertu héroïque, sans méconnaître pourtant le caractère et les tendances de chacun. Ce qu'il voulait, c'est qu'on se donnât à Dieu de toute son âme. Plusieurs l'ont eu comme ange gardien ou choisi comme moniteur. Ce rôle, il le remplit toujours en parfaite droiture et sans ménagements pour la nonchalance ou la piété mal entendue. Parfois même il donnait de vertes semonces et imposait des pénitences qu'il fallait accomplir sans murmurer.

« Cette rigueur que d'aucuns trouvaient outrée, s'accompagnait d'une affection très profonde et très pure pour ceux qui lui

donnaient leur confiance. Il les suivait dans toutes les vicis-
situdes de leur vie, il priait pour eux, et, venait-il à en être séparé,
une de ses plus grandes joies était de les revoir ou de recevoir des
lettres d'eux. Affection toute surnaturelle, fruit de la charité divine
qui consumait son âme et lui découvrait dans chacun de ses confrères un membre vivant de Jésus-Christ !

« Je ne sais quelle était sa grâce d'oraison, mais j'ai des raisons
de croire qu'elle était très élevée. Il aimait retrouver l'image de son
âme dans les vies des saints, et celle qu'il préférait, après la vie de
sainte Thérèse, son livre de chevet, celle qu'il recommandait
incessamment, c'était la vie de Sœur Marie du Divin-Cœur. Il
semble qu'il y retrouvait toutes les prévenances, toutes les délicatesse du Cœur de Jésus à son égard.

« L'épreuve était venue, d'ailleurs, comme il fallait s'y attendre,
consolider sa vertu. A certaine époque, il fut en proie à une très
grande sécheresse, et dans l'impuissance totale de dévoiler les
sentiments de son âme. Je crois même que le démon s'efforça alors
de lui persuader qu'il était une pierre d'achoppement pour ses
confrères et qu'il devait se retirer. Il tint bon cependant et, le cœur
toujours élevé vers le ciel, il s'abandonna très simplement aux
desseins du Divin Cœur sur lui. L'orage se dissipa, et le soleil
recommença de briller : il remercia Dieu de lui avoir fait comprendre
expérimentalement cet état d'âme. « Plus tard, disait-il, si je
rencontre des âmes en pareil état, je saurai comment les
conduire. »

« Il avait hâte, en effet d'arriver au sacerdoce, pour être plus
complètement l'instrument du Bon Dieu. A deux reprises, depuis la
guerre, il crut toucher à ce moment tant désiré ; mais toujours, au
dernier moment, surgit une difficulté, qui le remettait à plus tard.
Il bénissait alors la Providence, et acceptait la décision de l'autorité
ecclésiastique, non sans tristesse, mais avec une pleine soumission.
« C'est fini pour moi, me disait-il l'an dernier, c'est entendu que je
ne serai pas ordonné avant la fin de la guerre. Vous avouerai-je
même, ajoutait-il que, depuis mon enfance, j'ai le pressentiment
que jamais je ne serai prêtre... » Dieu l'avertissait-il de la sorte
pour le préparer à son sacrifice ? On peut le croire. En tout cas,
l'événement n'a malheureusement pas tardé à réaliser ses
craintes. »

Ecoutons maintenant son maître des novices : « Le P. Dabo était
une âme très pure, très délicate, très aimante, très unie à Notre-
Seigneur. Il ne visait qu'à l'aimer et à le faire aimer. Jésus, son
amour, son règne, voilà quelle était sa grande préoccupation. Son

bonheur était de parler de lui ; et c'était la pensée dominante de toutes ses lettres. Je tiens de lui-même qu'au front, comme au séminaire, il ne perdait guère le sentiment de la présence de Dieu. »

Enfin laissons parler celui qui l'a dirigé durant ses dernières années et qui a reçu les meilleures confidences de son âme.

« J'ai connu le fr. Dabo pendant les trois dernières années qu'il a passées à Gysegem. Appliqué au travail, il y a fait de bonnes études théologiques et philosophiques. Il avait l'amour des sciences sacrées, et bien des fois il me dit que, malgré le grand désir qu'il avait d'être ordonné prêtre pendant la guerre, il eût préféré ne pas l'être, si, la guerre finie, il devait être lancé dans la vie active, sans avoir achevé les deux années de théologie qui lui restaient à faire.

« Sa régularité était parfaite : il obéissait très ponctuellement à tous les points les plus minutieux de la Règle et aux moindres ordres ou désirs de ses supérieurs ; c'était un modèle.

« Il avait l'esprit très eudiste, aimait passionnément le P. Eudes et la Congrégation, et souffrait quand il ne les voyait pas assez estimés ou aimés.

« Rigide pour lui-même, mortifié et austère, le mal, l'irrégularité lui inspiraient une telle répulsion qu'il se montrait sévère là où il croyait les apercevoir et que quelques-uns le lui reprochaient. Il eût voulu trop de perfection chez tous et partout. En fait de bien et de mieux, certains lui trouvaient aussi un attachement quelque peu exagéré à sa manière de voir. Il avouait lui-même volontiers, après le contact qu'il avait pris avec les hommes pendant la guerre, avoir été trop sévère, au cours de son séminaire, par ignorance de la vie et de la nature humaine ; il se rendait compte d'avoir été exagéré dans ses exigences de perfection à l'égard d'autrui, et se déclarait tout à fait converti à la nécessité de la plus large indulgence.

« Malgré ses tendances austères, il était très apprécié par l'ensemble de nos jeunes. Les plus fervents surtout le goûtaient fort et l'aimaient profondément. Que si l'on a vu quelques-uns de ses confrères avoir un peu peur de son amour, excessif à leur gré, du plus parfait, il faut ajouter que sa mort a prouvé qu'au fond chez tous l'affection égalait l'estime.

« Nulle mort, en effet, n'a produit une impression telle et aussi douloureuse que la sienne parmi nos jeunes. Tous nous avons peine à nous accoutumer à cette pensée que nous ne le verrons plus, lui qui revenait si volontiers et si fréquemment passer à

Coupigny une large partie du temps de ses permissions, pour s'y retremper dans la retraite et y satisfaire son besoin de plus de recueillement. Son bon exemple nous édifiait.

« Il avait une grande influence sur beaucoup d'entre ses confrères du Séminaire qui aimaient et recherchaient sa conversation : très volontiers ils pratiquaient avec lui la cinquième manière d'oraison recommandée par notre Bienheureux Père, qui est de parler ensemble des choses divines. Si, à titre fraternel, on lui demandait avis, il ne ménageait pas la vérité à qui le consultait. De même il avait la charité de pratiquer librement la correction fraternelle près de ceux qui l'en priaient, sans avoir jamais l'indiscrétion de donner un conseil ou une appréciation de sa conduite à qui ne le sollicitait pas. De ses entretiens intimes avec ses confrères découlait un bien sérieux soit pour lui-même, soit pour autrui.

« Voici deux traits qui me paraissent avoir été saillants dans sa physionomie spirituelle, deux habitudes très marquées de sa vie : la présence de Dieu et la pratique du saint abandon.

« La fréquence de la pensée qu'il avait de la présence de Dieu, la persistance parfois de l'impression de cette présence permettent de juger que le degré d'union de son âme à Dieu dépassait de beaucoup l'ordinaire.

« Toutefois sa vertu favorite était l'abandon à la divine Volonté qu'il pratiquait en toutes choses, et cette pratique lui assurait ce calme, cette joie paisible et profonde, cette heureuse sérénité qui se réflétait jusque sur son visage. La guerre lui a imposé bien des sacrifices, l'a fait traverser bien des épreuves : à tous et à toutes il répondait : « Comme Jésus voudra ! » Non seulement elle n'a pas altéré sa joie, mais, parce que la grâce montait en lui, la joie, comme une huile pénétrante, me semblait imprégner de plus en plus son âme de suavité. L'onction si douce qui l'envahissait ainsi progressivement la détrempait et transformait rapidement : c'était l'amour de Celui dont le nom : Jésus a précisément « la vertu d'une huile répandue... »

« Le Séminaire et la Congrégation perdent par la mort du frère Jean-Louis Dabo l'un de leurs tout meilleurs sujets, l'un de ceux sur lesquels on pouvait à bon droit fonder légitimement les plus larges espérances. »

Et maintenant entendons-le nous parler lui-même et nous révéler naïvement les grandes choses que Dieu opéra en lui, les sublimes ascensions que l'Esprit-Saint disposa dans son cœur, durant la dernière phase de sa vie, celle qui s'est déroulée dans la caserne ou sur le champ de bataille. Puis nous laisserons ses hommes nous dire leur estime et leur admiration pour un chef dont le courage et la bonté égalaient les vertus, et avec eux, nous écrirons sur sa tombe cette parole de nos Livres saints : Dilectus Deo et hominibus : il fut aimé de Dieu et des hommes.

Nous ne possédons qu'une de ses lettres avant août 1914 ; elle vaut d'être citée, parce qu'elle témoigne de l'intensité de sa vie spirituelle, confirmant ainsi ce que nous avons dit plus haut. Elle est datée du 13 septembre et d'Oost-Dunkerque, où le séminaire était alors en villégiature.

« ... Au point de vue spirituel, ah ! quelles délices ! Chaque matin nous passons deux heures à la chapelle. Les messes se succèdent sans interruption de 5 h. et demie à 8 h. Très souvent, pour ne pas dire toujours, on donne la communion avant et pendant la messe. Conclusion : nous ne sommes jamais dix minutes sans voir Jésus dans la sainte hostie élevé entre le ciel et la terre.

« Mais le meilleur moment de la journée, après la sainte communion où nous le recevons réellement, c'est le soir. De 5 h. 45 à 7 h., il est exposé sur l'autel. Nous pouvons le regarder à loisir. Nous avons d'ailleurs toute permission d'aller à la chapelle des Pères du Très Saint-Sacrement où ces belles choses se passent, quand nous le voulons et pour autant de temps que le veut notre dévotion... »

La lettre suivante, du 17 août 1914, nous transporte à Rennes, au 7ᵉ d'artillerie. Il écrit à un de ses jeunes confrères : « ... Mon sort n'est pas extrêmement à plaindre. Il est évident qu'il n'y a pas de comparaison à faire avec Gysegem ; mais enfin, puisque nous sommes là où Jésus nous veut, il ne faut pas trop nous plaindre. J'ai trouvé beaucoup de sympathie parmi les soldats et même les sous-officiers... J'ai réussi à sortir à 11 h. samedi 15. J'ai assisté à la messe et communié. Quels moments délicieux ! Hélas ! je n'ai pu les renouveler le lendemain, où, comme tout le monde, je ne fus libre qu'à 5 h. ! Chaque soir, je puis assister au salut à l'église paroissiale. Dans la journée, je lis la vie du P. Pujos et fais d'ordinaire une longue lecture d'Écriture Sainte. Le respect humain ne me gêne pas plus ici qu'à Gysegem. Pour mes exercices de piété je serais aussi libre objectivement et subjectivement que je l'étais là-bas, si je disposais de plus de temps. »

Et le 19, en la fête du B. J. Eudes : « Hier soir, je n'ai pu sortir, j'étais caserné pour aider à éteindre le feu qui aurait pu prendre en ville ! Ce matin, j'ai abordé le lieutenant en ces termes : « Pardon, mon lieutenant, je suis Congréganiste, c'est la fête du fondateur de notre institut : je serais très heureux de pouvoir passer la journée avec mes confrères, si vous vouliez me permettre de sortir. — Je ne demanderais pas mieux, mais le colonel nous défend de laisser sortir personne. Dans quelques jours, nous serons plus libres ! »

Ainsi, fête du P. Eudes à la caserne ! Mon Dieu, que c'est triste ! J'en avais les larmes aux yeux, en descendant du bureau...

« Je finis, car je ne sais plus que vous dire sinon de ne pas oublier Jésus, mais de l'aimer toujours de plus en plus, surtout dans ce milieu où l'on parle et où l'on s'occupe si peu souvent de lui. Jusqu'à présent je ne l'ai pas trop négligé. Ce matin, je crois bien n'avoir pas perdu sa présence pendant dix minutes. Ce n'est pas toujours comme cela. C'était sans doute un dédommagement de la journée. »

Le 28, au même : « ... Je ne puis assister à la messe que le dimanche, et au plus vite à 11 h. : je communie à 11 h. et demie. Je n'ai encore pu communier que deux fois depuis mon entrée au quartier. Plaignez-moi. Si chaque matin j'avais Jésus et une heure d'oraison, le tout n'irait pas trop mal. Je communie comme je peux spirituellement en faisant de 6 h. et demie à 8 h. de la gymnastique à cheval, sur le champ-de-mars, près de la gare, devant notre quartier ... Vive Jésus et la Toute-Bonne. Aimons-les bien. Ne craignez pas, malgré votre timidité, de les confesser publiquement. »

Le 28 octobre, joyeuse nouvelle : « Le capitaine m'a gracieusement octroyé une permission de sortir chaque matin de 5 h. 30 à 6 h. 30 pour aller voir et recevoir mon Jésus. En trois minutes, je suis rendu à Toussaint, où j'assiste à une messe, communie et reviens fortifié pour la journée. Vu l'état du service militaire de la garnison, je considère cette faveur comme une grâce assez extraordinaire longtemps désirée et depuis longtemps demandée. *Inte, Domine, speravi, non confundar in æternum* ...

« Je suis un des premiers élèves brigadiers, au nombre desquels je me suis fait inscrire, et je suis loin de regretter mon inscription.

« Je ne sais combien de temps nous resterons encore à Rennes. Un jour on dit qu'on partira, le lendemain, qu'on ne partira pas. Le mieux, c'est de s'abandonner pour tout à la volonté de Jésus qui fera de nous ce qu'il voudra. Aimons-le bien et tendrement pour le consoler de tant de pauvres gens qui pensent si peu à lui, même en ce temps d'épreuves si douloureuses. Qu'il soit toujours notre trait d'union. N'oubliez pas la fête du 20... et que le divin Cœur devienne le vôtre !... »

Le 15 novembre, lettre à son supérieur, et cette lettre nous la transcrivons dans sa majeure partie, parce qu'elle nous éclaire sur sa situation et sur le détail de sa vie journalière.

« ... Il y a environ trois semaines, le lieutenant instructeur me
fit appeler à son bureau, pour me demander si je n'accepterais pas
de suivre les cours d'élèves-officiers, qu'on allait organiser sous
peu ! Je vous avoue qu'à cette question je fis bien triste mine. Je vis
immédiatement se dresser devant moi les périodes obligatoires,
après le service fini ... La conversation fut longue. Enfin je dis au
lieutenant : « Permettez-moi de consulter ce soir mes supérieurs, et
s'ils me conseillent d'accepter, j'accepte ; sinon je refuse, car je suis
leur sujet et je ne puis m'engager, sans leur autorisation, à des
choses qui gêneraient leurs droits sur moi. » Il me laissa. Le soir,
à ma grande surprise, les Pères me conseillèrent d'un commun
accord d'accepter la proposition du lieutenant, auquel je rendis ré-
ponse le lendemain.

« Le dernier lundi d'octobre, on nous présenta au colonel, je dis
nous, parce que nous étions une vingtaine de candidats, et nous
subîmes un examen oral sur des questions assez générales. Cinq ou
six restèrent sur le carreau ; je fus reçu avec 17 sur 20. Le samedi,
31 octobre, examen écrit, ... puis départ pour Tréal, afin de voir
mon père qui s'en va de plus en plus ... A mon retour, j'appris mon
admission parmi les élèves-officiers, en vertu de quoi nous avons
quitté le 7ᵉ le 6 novembre pour nous rendre au 50ᵉ également, à
Rennes, où l'on a réuni tous les candidats du 10ᵉ corps cantonnés
aux alentours. La vie est plus intéressante jusqu'ici à tous points de
vue qu'elle ne l'était au 7ᵉ ...

« Le matin, je me lève à 5 h., vais à la messe toujours à 5 h. 30,
à 100 mètres du quartier, rentre à 6 h. 30 ou 6 h. 45, puis déjeune
pour commencer les exercices à 7 h. Pris complètement jusqu'à 10 h.
Libre de 10 h. à 12 h. Donc pieuse lecture et travail d'artillerie. De
12 h. à 5 h., pris sauf pendant trois quarts d'heure, qui me permettent de m'astiquer pour être prêt à sortir à 5 h. exactement.
Rentrée à 8 h. 45 et coucher à 9 h. »

« Chaque jour, nous avons environ deux heures et demie de
cheval. C'est ordinairement une promenade très intéressante, où je
m'entretiens seul avec Jésus presque tout le temps. Ce sont, avec
l'oraison du matin et la soirée, les meilleurs moments. Jésus ne
m'abandonne pas beaucoup ; je vis avec lui presque aussi facilement
qu'au séminaire. Dites à ceux qui peuvent être appelés de ne pas se
tourmenter. A la caserne, malgré l'entourage, on est et on reste ce
que l'on veut être. Il faut toutefois prendre les choses comme elles
sont. La caserne n'est pas un séminaire, mais, pour rester bon séminariste, il faut être bon soldat ... »

« Le jour de la Toussaint, je passai la journée tout entière avec
les confrères et je fis un petit entretien à nos tertiaires de Rennes,
sur la demande du P. Lucas. »

Et dans une autre lettre du 19, adressée à un ami, il ajoute ce détail : « Pour le canon, il faut beaucoup de mathématiques que je ne sais plus ; de mécanique, de trigonométrie que je n'ai jamais sues. Je fais mon possible, et j'espère réussir à suivre, quand même, messieurs les polytechniciens et centraux. »

Le 29 janvier 1915, il annonce au même une bien sensationnelle nouvelle ; il est question de l'ordonner prêtre et l'on sollicite de Rome une dispense d'âge : « Si la dispense m'est accordée, il se peut que je sois prêtre dans deux ou trois semaines. Cela vous en dit bien long. Vous savez ce qui me manque à tous points de vue. Aidez-moi à acquérir au moins l'essentiel. »

Autre nouvelle : « Mon peloton d'É. O. R. est fini. Je suis reçu 7e sur 70, avec une moyenne de 17 ou 18. En conséquence, je suis revenu au 7e d'artillerie, 61e batterie, à Rennes. Hier, j'ai été nommé maréchal des logis. Dans une quinzaine je serai nommé aspirant, ou peut-être même sous-lieutenant, comme je suis dans les premiers. »

Et, dans une lettre du 31 à son supérieur, il ajoutait relativement à son ordination : « J'ai remercié le P. Général, en lui disant ma surprise et en appuyant sur la dernière phrase de sa lettre, à savoir que je continuerais après la guerre et terminerais ma théologie, si le Sacré-Cœur me conserve sur terre, avant d'être lancé dans le ministère sacerdotal. Je lui ai déclaré que je préférerais rester diacre toute la campagne que d'être ordonné et de ne pas finir mes études de façon normale. Mon bagage théologique est trop mince, et je connais trop à quel embarras est réduit un prêtre ne sachant pas de théologie ... D'ailleurs, pour que cette ordination puisse se faire, il me faut une dispense de plus d'un an, et en outre il faudra trouver un évêque. »

Après quoi il ajoutait que, par le fait de sa nomination prochaine comme aspirant, il devrait changer de corps, et alors où irait-il ? Dieu seul le savait.

« Il ne serait pas difficile à Jésus, continuait-il, de m'envoyer à Caen tout près de vous. Si vous avez de l'influence sur son Cœur, vous me feriez bien plaisir d'en user. Puisqu'il semble me vouloir prêtre, je vais lui demander instamment de disposer lui-même toutes choses pour le mieux. Je serais au ciel d'être près de vous. Mais si Jésus ne le veut pas, je ne le veux pas non plus. Pourvu que sa volonté soit faite, je serai heureux. »

Le 24 mars, une lettre nous apprend que la dispense a été refusée à Rome. C'est le Pape lui-même qui a écrit de sa main le « *non expedire* », et le fr. Dabo y répond par un « Dieu soit béni ! » Il n'est plus à Rennes, mais à Ploërmel au 1er lourd, en qualité d'aspirant, après avoir fait à Rennes une station à l'hôpital, pour une attaque de typhoïde. « Ici je n'ai rien ou presque rien à faire. J'ai reçu pour mission de voir si les hommes sont à leurs postes et s'ils y font ce qu'on leur a dit de faire. »

A Ploërmel, il ne resta pas longtemps. Le 24 avril, il disait adieu aux siens, et le 29 il était sur le front. « Depuis lors, écrit-il à sa sœur le 7 mai, je suis devant les Boches, que je vois tous les jours, au bout de mes lunettes et quelquefois au bout des obus de nos canons. La guerre n'est pas rude à l'endroit où je suis ... Les chefs sont charmants, et, avec nos hommes, c'est une petite vie de famille ... Au point de vue religieux, je suis évidemment moins bien partagé qu'à Rennes et à Ploërmel. Je ne puis avoir la messe et communier que le dimanche. »

Une autre lettre du 17 du même mois à son supérieur, complète ces détails : « Je suis au nord-ouest de Reims, je couche au fort de Saint-Thierry et mes pièces sont à 700 mètres de là. La vie est de beaucoup plus agréable qu'au dépôt, et, pour le moment, assez peu dangereuse : notre secteur est très calme ... Tout notre travail ici consiste à observer, à repérer les divers endroits où les Boches ont placé leurs batteries, leurs mitrailleuses et les principaux points de renforcement et à régler nos pièces là-dessus ... Pour passer le temps, je fais du cheval, quelquefois un petit tour de bicyclette ; le plus souvent je me promène à pied dans la campagne de Reims qui est vraiment enchanteresse ... et je vous avoue que la belle nature porte facilement vers le Créateur ... »

Le 22 juin, la prochaine élévation au sacerdoce d'un de ses confrères lui rappelle son ordination manquée, et, dans les embarras d'un déplacement, il écrit : « Heureux est-il ce cher grand frère ! je ne veux pas gémir à nouveau, puisque c'est la volonté de Dieu : il est libre de ses dons, et nous devons nous mettre volontiers à sa libre disposition ... Certains jours, nous avons des loisirs, et, pour mon compte je peux assister à la messe et y communier, dire mon bréviaire, mon chapelet, etc. ; mais, en d'autres, je n'ai pas même le temps de réciter mon chapelet. Malgré la chaleur de la température, l'intérieur se refroidit inévitablement ; faites en sorte que nous n'oubliions pas Jésus, pour que Jésus ne nous oublie pas ... »

Le 11 juillet, un cri de détresse : « Pas de messe dimanche dernier ni aujourd'hui ! ... Mais après, cette consolante parole : « Ici, en Alsace, j'ai trouvé le bon Dieu que je ne vois plus depuis huit jours ! »

Le 20, une longue effusion de son âme à un supérieur : « Je vous écris ce matin au bruit du canon, m'interrompant de temps en temps pour envoyer un commandement à une de mes pièces. Aujourd'hui grand tam-tam, que se produira-t-il ? Je le saurai peut-être ce soir, si je vis encore.

« Tous ces jours, j'ai eu ce qu'en style militaire on appelle le « cafard ». Beaucoup de choses y ont contribué, en particulier l'ordination pour les heureux de Coupigny. Qu'ils en bénissent le bon Dieu, surtout celui qui a eu le bonheur d'être prêtre. Je n'ai jamais tant apprécié ce grand don de Dieu que depuis mon départ du séminaire et surtout depuis mon arrivée au front. Les officiers qui sont avec moi regrettent également beaucoup que je ne sois pas prêtre ; car, nous autres artilleurs lourds, nous ne trouvons d'aumôniers que s'il y a des fantassins à côté de nous. Jusqu'ici nous n'avons pas trop à nous plaindre. Il y a près d'ici trois prêtres-infirmiers dans une ambulance de chasseurs alpins, et chaque matin, je réponds la messe à l'un d'eux. Samedi, j'ai mené tout l'état-major de ma batterie à confesse et à la messe où tous ont communié … »

« Sans la guerre, je serais probablement prêtre maintenant ! Mais le bon Dieu en a décidé autrement : qu'il soit béni ! Mon Père, si vous saviez quel plaisir j'éprouve, quand je pense que je suis entre les mains du bon Dieu, sans vouloir autre chose que ce qu'il veut ! Comme on est tranquille ! Évidemment je serais heureux d'être prêtre, mais si le bon Dieu ne le veut pas, il restera le bon Dieu tout de même … Voilà déjà cinq heures que je suis levé, c'est l'heure où j'allais chercher Jésus… hélas ! ce matin, je m'en passerai. Il n'est pourtant qu'à deux cents mètres ! Oh ! les heureux, qui sont sûrs de l'avoir tous les jours … »

Le 13 août, toujours des montagnes d'Alsace : « Le corps a été dur à se faire au climat : maintenant il y est habitué et se porte bien. L'âme n'est pas plus malade. Jésus vient la consoler tous les matins dans la sainte communion, même si je ne puis pas assister à la messe, il y a toujours une hostie de spécialement consacrée pour moi. J'ai hérité de quelques livres spirituels intéressants, parmi lesquels le bon P. Rodriguez, Lombey, le P. de Saint-Jure, le Père Faber, etc., et un cher bouquin sur l'abandon. Vous comprenez que j'ai accepté celui-ci avec empressement. C'est si beau à entendre un sermon sur l'abandon, ne fût-il pas en trois points et en forme … Merci de votre recommandation faite aux jeunes d'écrire souvent aux militaires. Je ne parle pas pour moi, car le bon Dieu me fait la grâce de me maintenir assez bien. Mais je sais qu'en notre métier, un prêtre ou un séminariste a des heures terriblement dures, et dans ce cas, une lettre, une bonne lettre d'un confrère fait énor mément de bien. Vous ne sauriez croire combien un séminariste ou un prêtre sérieux est *seul* au milieu d'un régiment, même avec des camarades qu'on peut appeler très bons. »

Le 21 août, il sort indemne d'un bombardement des plus intenses : « Ces jours-ci, intense bombardement des deux côtés … Ma batterie et surtout une batterie de mon groupe, voisine de la mienne, a été soumise à un effroyable bombardement pendant deux jours. Par un vrai miracle, la mienne n'a eu aucun blessé ; l'autre, six morts et quatre blessés … Les deux batteries ont reçu les félicitations de la Division, qui en plus nous a accordé une médaille militaire et nous a demandé de lui proposer des hommes à citer. Ces deux jours, je ne les oublierai jamais, j'y ai vu de l'héroïsme et surtout j'ai constaté l'influence communicative de celui qui, malgré le danger, sait rester fidèle à son devoir … La veille de la fête du P. Eudes a été le jour le plus dur. Je ne me suis jamais tant senti dans la main de Dieu. Combien alors on sent sa dépendance de Dieu et que l'abandon à la divine Volonté est la plus simple et la plus tranquille des voies … Le P. Général m'écrit que de nouvelles démarches à Rome n'ont pas réussi : « *Non expedit* » à nouveau, Dieu soit béni ! Il sait mieux que nous ce qu'il nous faut. »

Le 10 septembre, il se plaint de n'avoir pas reçu son Jésus depuis le 30 août, et de ne plus savoir « ce qu'est ce pain délicieux et fortifiant », mais il a « trouvé un prêtre et il espère, le lendemain, lui voler deux sacrements ».

Le 10 octobre, sa batterie est au repos, et il écrit à son supérieur à l'occasion de la retraite du séminaire : « Priez pour que le bon Dieu vienne enfin à notre secours, car cela menace d'être encore bien long. Ces jours-ci surtout que vous allez tous vous retremper dans l'amour du bon Dieu, je me recommande tout spécialement à vos prières et à celles des confrères, avec lesquels je vais essayer de faire une petite retraite. Jésus me prêchera, et je tâcherai d'écouter sans dormir. Envoyez-moi quelques échos de la vôtre. Je vais aller quelques jours à l'arrière. J'en profiterai pour recevoir Jésus que je n'ai pas reçu depuis le 12 septembre. Vous comprenez si cela est pénible. Mais c'est pour la France ! »

Et quelques jours avant, il exhalait cette plainte touchante : « Ces jours-ci on se borne à bien manger, à bien dormir, quand on a le temps. Quelques pensées, tout de même, de temps à autre pour Jésus. Le pauvre Jésus ! Quand pourrai-je revenir tout entier à lui, corps et âme ? »

Le 25, il annonce son prochain départ pour Fontainebleau, où les aspirants doivent passer deux mois, afin de compléter leur instruction, avant d'être nommés sous-lieutenant. Mais d'ici là une permission de huit jours lui est accordée, et ces huit jours il les passera à Coupigny pour s'y refaire dans le calme et la solitude ; « Si je ne puis passer par chez moi ou y aller de Fougères, tout en ayant huit jours pour Coupigny, je sacrifierai chez moi pour Coupigny, afin de puiser dans le calme près de Jésus quelque forte nourriture « propre à ravigourer la dévotion. » Je n'informerai ma famille de cette permission que si je puis coucher chez moi et Coupigny. Le silence fera moins souffrir. Il n'y a que six mois que j'ai vu ma famille, et auparavant elle ne me voyait que tous les deux ans, tandis qu'il y a plus de quinze mois que j'ai pu faire une spiritualité quelque peu sérieuse. »

Le 24 novembre, le voyage à Coupigny s'est effectué, et il est à Fontainebleau, où la besogne est dure, mais où, à force de travail, il espère réussir. Dans cette fièvre de travail, le spirituel n'est pas négligé. « En me levant à 5 h., je puis assister à la messe et communier. Jésus travaille lui-même plus ou moins seul jusqu'au soir où nous nous retrouvons ensemble, cœur à cœur dans la chapelle des Sœurs de Charité. Dans l'École, il y a trois autres séminaristes. A moi et aux deux avec lesquels je suis lié, les Sœurs de Saint-Vincent de Paul nous ont offert une chambre que nous avons acceptée et où nous nous retirons le soir assez souvent pour travailler ou pour causer. Dans cette maison se trouvent également quatre prêtres, dont un Dominicain, qui ont communié chaque matin. Le dimanche, je puis aller à Paris... Un Père Lazariste, ancien professeur de mathématiques, s'est offert à nous aider, si nous en avions besoin. Nous acceptons toutes les offres généreuses ; et si vous nous offrez de prier pour nous et de faire prier pour nous, nous accepterons aussi. Pour ma part, je vous le rendrai, car mon cœur reste toujours à Coupigny, maintenant plus que jamais. Je voudrais tant n'y voir que des victimes de l'amour du Cœur de Jésus que je ferai tout mon possible qu'il en soit ainsi. J'ai senti chez moi et chez d'autres que Jésus habite toujours notre petit séminaire et le poursuit de ses grâces d'une façon abondante et fructueuse. Si vous pouvez obtenir de Jésus que j'y revienne encore, mais cette fois pour longtemps ! Enfin que sa volonté soit faite !

Le 19 décembre, il est à Paris, et il projette de retourner à Coupigny pour le jour de Noël, mais ce projet ne peut s'effectuer et le 26, il raconte à son supérieur sa déconvenue : « Je me suis laissé sevrer de ce bonheur d'être avec vous, et j'ai essayé de bénir le petit Jésus tout de même. Jésus fait les cadeaux qu'il lui plaît, et il est toujours le bon Jésus ... Donc à plus tard, quand le bon Dieu le voudra ... Ma vie à Fontainebleau est toujours la même. Plus nous allons, plus les matières s'accumulent, et le temps manque. Le bon Dieu doit se contenter de peu de temps, consacré à lui tout seul : la messe le matin, et un peu de visite le soir ; la bonne Vierge d'un bout de chapelet en allant manger ou en revenant. Cependant le cœur conserve toujours son attrait. Le besoin de Jésus persiste toujours ; le feu brûle toujours, et je cherche toutes les occasions d'y jeter quelques brindilles ... Je vous ai dit déjà que la plupart du temps je vis avec le bon Dieu, souvent actuellement, et le plus souvent continuant à agir presque passivement sous l'influence de ce travail intérieur qu'il fait sur mon âme. Je veux bien que le bon Dieu m'ait gâté, car je ne lui suis guère fidèle ; mais je sais par expérience qu'il reste toujours avec nous, si seulement nous ne voulons pas le renvoyer.

« Cette année, j'ai passé un Noël bien triste, mais on est en temps de guerre : j'ai travaillé la « balistique » toute la soirée, sauf une heure passée aux pieds de Jésus-Hostie, exposé tous les jours dans une petite chapelle des Filles Adoratrices du Saint-Sacrement. Les dimanches où je viens de Paris, j'y fais une visite d'où je sors avec la provision à peu près suffisante pour la semaine. Dans une heure, je repars pour Fontainebleau, plein ... de courage (?), puisqu'il le faut, puisque Jésus le veut. Tant qu'il le voudra, j'essayerai également de le vouloir de tout cœur. « Je vous laisse : je ne vous oublierai pas près du petit Jésus. Demandez-lui pour moi que je devienne comme lui un tout petit enfant, afin qu'il me mette toujours où il voudra sans opposition de ma part. »

Le 1er janvier 1916, souhaits du nouvel an à son supérieur et à ses confrères de Coupigny. Ce qui lui inspire ces pensées : « Je ne veux pas gémir au commencement d'une année nouvelle ; mais il me faudra passer encore des jours bien pénibles avant de rentrer parmi vous, si j'ai à y rentrer ; j'accepte de grand cœur la volonté du bon Dieu et rien ne m'effraie. Le plus grand malheur qui puisse m'arriver n'est-il pas d'entrer au ciel un peu trop tôt ? Car je suis confiant dans la miséricorde du bon Dieu et je veux l'être toujours davantage. C'est si doux au cœur de savoir que Dieu est bon, et l'abandon de notre part à la miséricorde du Cœur de Jésus fait tant de plaisir à Dieu, quand cet abandon est réel ! « Je ne cesserai de demander cette voie pour vous tous. La trouvant bien commode, bien courte, mais bien élevée, je la souhaite à tout le monde ... La vie de Fontainebleau est toujours la même, aussi ennuyeuse que possible pour ma faiblesse, aussi charmante que possible pour une âme qui aime les croix. »

Le 29 janvier, il quitte Fontainebleau, sans avoir été proposé pour le grade de sous-lieutenant mais sans en être « plus malheureux » et gagne Tréal puis Ploërmel ; d'où le 18 mars il part pour les ateliers du Creusot faire un stage de huit jours. Après quoi il repasse par Ploërmel et il ne tarde pas à être envoyé au front, d'où il écrit le 13 mai : « Tous les soldats sont entre la vie et la mort, mais ici depuis dimanche, c'est l'enfer... La Providence est pour nous bonne mère : jusqu'ici nous n'avons eu qu'un blessé. »

Le 20, le 25ᵉ anniversaire d'ordination sacerdotale de son supérieur, amène sous sa plume ces réflexions légèrement empreintes de tristesse : « Jadis, quand je vivais à vos côtés, j'aimais à me dire : dans tant de temps, dans tant de mois, dans tant de jours, Jésus me fera son prêtre ! Vous qui êtes prêtre, vous comprenez quelle ivresse d'amour cette espérance peut apporter à un cœur qui aime et veut *s'unir* à Jésus. Mais tels n'étaient pas les desseins de Dieu. Pour un temps que j'ignore, et peut-être pour jamais, Jésus, après l'avoir deux fois rapprochée, m'a éloigné la coupe des lèvres. Que les desseins de son Cœur sur moi soient bénis ! Je ne veux pas plus être prêtre, s'il ne le veut pas, que je ne le veux si c'est son bon plaisir. Je veux m'abandonner à son Cœur et essayer de ne jamais vouloir autre chose que ce qu'il veut. Parfois, en pensant à cela, à ce jour que j'ai cru si proche, où, par le sacerdoce, j'allais devenir un avec Jésus, je me mets à pleurer. Pour un peu, je me plaindrais à Jésus. Que voulez-vous, mon Père, je suis un homme et non pas un ange. D'ailleurs je ne crois pas que Jésus m'en sache mauvais gré. »

Le 11 juin, c'est la Pentecôte, et cette fête lui donne l'occasion de confesser sa grande dévotion au Saint-Esprit : « le plus grand saint du Paradis, puisqu'il fait les autres, mais combien hélas ! trop peu connu. » Il fêtera « son saint préféré » dans une modeste chapelle au fond d'une cave voûtée, en se confessant et communiant, comme il le fait du reste chaque matin.

Le 21, c'est la Fête-Dieu, et sa pensée se porte tout naturellement vers Coupigny : « Quelques mots seulement pour vous dire que je suis de tout cœur au milieu de vous ces jours-ci, où Jésus travaille spécialement les âmes de Coupigny. Encore une fois, je vois le beau jour me passer devant les yeux ! Dieu soit béni ! Ce sera peut-être le prochain, si je suis de ce monde. Que sa volonté soit faite ! ... Je vais faire la procession de la Fête-Dieu sur les routes ! »

Le 1ᵉʳ juillet, il est en territoire reconquis, et le 17, ce cri lui échappe du cœur : « A nous le pompon en artillerie, comme en aviation et en aérostation... il y a vraiment du goût à se sentir français en ce moment. »

Le 30 août, après avoir annoncé « qu'on prépare aux Boches quelque chose de soigné » et qu'il « a eu huit jours de fièvre durant l'octave de l'Assomption, il donne sur sa vie intime ces détails suggestifs : « Je puis assister à la messe et communier presque tous les matins, et après quelques bonnes lectures comme on en fait au noviciat, j'ai repris un petit peu d'énergie, et Jésus et moi sommes redevenus à moitié bons amis. Visites ou plutôt entretiens fréquents. Je reçois souvent des réprimandes : j'en suis heureux, car j'aime mieux me faire toujours gronder par lui que de ne l'entendre plus. »

Atteint de paratyphoïde, peu après avoir été nommé sous-lieutenant, le voilà évacué sur un hôpital de Sens, et c'est de là que le 20 octobre il exprime ses regrets de n'avoir pu assister à la fête du Divin Cœur de Jésus à Coupigny. « Cette belle fête du Divin Cœur je l'ai passée bien modestement. Il y a à Sens un monastère du Bon-Pasteur d'Angers. Mais la chapelle étant une ancienne église paroissiale, sous le vocable de Saint-Valérien très vénéré dans le pays, elle est ouverte au public pendant la neuvaine en l'honneur de ce saint, et les sœurs se confinent durant tout ce temps dans leur petite chapelle de communauté, si bien que je n'ai pu assister à aucun office du Divin Cœur ... J'ai toujours aimé la vie de communauté, mais je n'en ai jamais apprécié les charmes, comme je le fais maintenant. J'ai le moral solide, néanmoins, lorsque arrivent les jours de grande fête qui rappellent tant d'agréables souvenirs, je suis obligé de tenir mon cœur à deux mains pour ne pas attraper le « cafard ».

« Depuis que je suis ici, je me refais un peu l'intérieur. J'ai ma liberté du matin au soir. Depuis une dizaine de jours, je puis assister à la messe le matin avec les sœurs de l'hôpital et y recevoir Jésus. Vous ne pourriez vous imaginer l'impression agréable produite par la première vue du tabernacle, où l'on peut, à toute heure du jour, avoir tout près de soi le bon Jésus sous des formes sensibles. Oraison, bréviaire, lectures de vies de saints occupent ma journée, avec la lecture à grands traits du ... journal. Aussi Jésus et moi avons renoué notre amitié, qui, malheureusement depuis quelque temps, n'était plus que relation de politesse : un coup de chapeau réciproque, quand on se rencontrait. »

« Après une convalescence dans sa famille, et quelques jours passés à Coupigny, où il a repris la soutane et revécu la vie de communauté, il est retourné au dépôt à Ploërmel, et, le 26 novembre, à propos d'un nouveau projet d'ordination qui n'aboutit pas plus que les autres, il écrit : « Comme, au demeurant, c'est l'affaire de Jésus, je me suis dit que je n'avais peut-être pas encore assez attendu. Et je disais : « Vive Jésus, quand même. Jésus, je veux vous aimer quand même. Et Jésus m'a répondu par les premières lignes de ma lecture d'*Imitation*, en me prêchant l'abandon à son bon plaisir. Je suis affecté à une batterie dont le capitaine est un *curé laïc* communiant tous les matins. Je me suis installé avec lui dans la maison d'une très bonne famille où « je continue ma retraite. »

Et sept jours plus tard : « Mon impression première sur mon capitaine n'a fait que devenir meilleure par un contact plus fréquent. C'est un caractère charmant et un homme de haute éducation intellectuelle et morale. Nous communions presque toujours ensemble le matin. Me voilà encore gâté. »

A Noël, il reste à Ploërmel, où, en l'absence de son capitaine, il est passé commandant de batterie, très heureux du reste de n'être plus le lundi soir qu'un simple adjoint, et, dans une lettre du 22 décembre à son supérieur il écrit à ce sujet : « Comme c'est drôle, les choses humaines ! On monte dans les honneurs et on en redescend avec la même facilité. Tant pis pour qui s'y attache. Il n'y a que le bon Dieu à qui l'on peut s'attacher pour toujours, dans l'amour duquel on peut toujours monter et aspirer à monter, sans que l'ascension offre quelque danger de vertige. Que je remercie Jésus de m'avoir mis le pied sur l'échelle depuis longtemps, et si vous saviez avec quelle ardeur je désire monter toujours plus. Hélas ! l'esprit est prompt, mais la chair est lourde à traîner. Si je n'avais peur de faire de la grandiloquence, je vous avouerais bien que je dirais assez volontiers : Qui me délivrera de ce corps mortel ? J'ai hâte de m'en séparer pour être avec Jésus.

« Cependant je ne veux pas faire cette prière. Il me semble même que je ne pourrais pas la faire avec sincérité et que Jésus m'accuserait de mensonge si je la lui faisais, car il sait bien que je ne veux ni vivre ni mourir, mais faire ce qu'il veut, être là où il me veut. Voilà où, en théorie, nous en sommes tous les deux ; en pratique, nous ne nous accordons pas toujours aussi bien. Il arrive quelquefois que nous ne chantons pas la même note, mais je sais que c'est lui qui chante juste, et moi qui ai donné un accroc à la mélodie. Il est si bon qu'il ose à peine me gronder, quand je détonne.

« A l'occasion de ce grand jour où il est venu mendier notre amour, je voudrais lui chanter ma reconnaissance, chose facile pour les poètes, mais je ne suis pas poète. Je ne sais, en amour, comme Isaïe, que bégayer a, a, a... Je vous dirai donc a, a, a... en vous priant de chanter pour moi de la poésie au petit Jésus de la sainte Vierge. A vous, prêtre, il vous a donné une grande corde, très élastique, sur laquelle vous pouvez jouer tous les airs. A moi, il refuse cette corde ou du moins il me la fait attendre quasi jusqu'à la fin des siècles. Il est libre de ses dons ! Je n'ai toujours pas de nouvelles au sujet d'une ordination possible ou non. Comme le bon Dieu voudra. Je me sens incomplet sans le sacerdoce ; mais s'il me veut tel, il est bien libre. J'ai déjà tant reçu, que je devrais me contenter. Hélas ! Je suis gourmand ! »

Le 8 janvier 1917, une lettre nous apprend : 1° qu'il est toujours dans la même situation, sauf que depuis le 29 décembre il est commandant de batterie en formation, batterie qui ne sera prête à partir que pour le 30 mars, et il y a bien des chances qu'il ne parte qu'avec elle ; 2° que la démarche tentée à Rome a échoué, comme les autres. « On a souri, mais on a refusé... Je sais maintenant qu'il faudra finir la guerre et faire neuf mois de théologie avant de pouvoir être prêtre. Alors, si le bon Dieu me veut prêtre, qu'il me garde ! C'est son affaire ! »

Le 2 mars, il est aux Chaises, petit hameau à 2 kilom. de Chartres, où il va chaque fois qu'il fait beau et qu'il est libre. Une lettre du 11 nous dit ses émotions aux pieds de la Vierge noire et dans sa belle église.

« Je connaissais vaguement, écrit-il, la Vierge noire de Chartres, mais j'ignorais que son culte fût si répandu... Près d'elle, c'est un peu comme au Sacré-Cœur de Paris, on se laisse captiver et l'on oublie de sortir. Dimanche dernier, j'ai passé toute ma journée ou à peu près dans la cathédrale, un peu à prier la Vierge, mais surtout à regarder la maison que lui ont élevée les chrétiens du xiie et du xvie siècle. C'est la plus belle église que j'ai vue jusqu'à ce jour, à tous égards. Ce soir, après les Vêpres, j'y passerais le reste de ma journée. »

Le 30, il est revenu à Ploërmel, où il fait ce qu'il faisait à Chartres : il attend, et, dans sa lettre, il revient encore sur les trois délicieuses semaines qu'il a passées en pays Beauceron. « Malgré le froid, je descendais presque tous les jours à la cathédrale, que j'ai regardée et regardée dans tous les coins. Que de fois, dans cette église, j'ai pensé au séminaire de Coupigny, surtout quand je voyais les petits séminaristes, les petits élèves de Notre-Dame, répondre la messe si pieusement. Je vous avouerai que nulle part encore la célébration du Saint Sacrifice ne m'a fait une si profonde impression que dans la crypte de la cathédrale. Ce sanctuaire a quelque chose de mystérieux et de profondément religieux que je n'ai pas rencontré ailleurs. On y prie à l'aise et on y sent la présence de la bonne Vierge. Enfin, ce qui m'a le plus frappé, c'est la tenue si pieuse, si recueillie, sans aucune exagération, de ces petits séminaristes répondant la messe. J'aurais volontiers passé le reste de la guerre près de Notre-Dame de Chartres, en attendant de rentrer au séminaire de la Sainte-Famille... Bref, le bon Dieu m'a encore octroyé une très belle permission, je n'en prévois qu'une plus belle, celle qui me permettra de revenir définitivement près de vous revivre pleinement une vie de chrétien avec Jésus. »

Le 5 mai, il est encore à Ploërmel, et il ne sait quand il en partira. Il y mène « une vie assez monotone sans travail intéressant, quoiqu'il occupe une bonne partie de sa journée. Le reste du temps lui permet de rester bon chrétien et même bon séminariste. »

Une lettre du 28 nous apprend que, parti de Ploërmel comme une bombe, il est débarqué deux jours après au Secteur III, d'où il ne peut encore envoyer d'obus aux Boches.

Le 17 juin, il s'excuse près de son supérieur de son long silence depuis son départ de Ploërmel. Celui-ci peut toutefois se rassurer sur son sort : il est toujours un enfant gâté du Cœur de Jésus. « Je suis dans la zône des armées, mais juste sur le bord. Sézanne est presque aussi près de Paris que de Reims... Ma batterie est employée comme batterie d'expérience et de corvée. Nous faisons des tirs pour mettre au point certaines méthodes... Je ne sais combien durera mon séjour dans ce centre. Comme le bon Dieu le voudra. Les journées sont pénibles... Aussi le soir j'ai plus le cœur à dormir qu'à faire autre chose. Voilà pour le côté matériel, mais il en est un autre plus intéressant : la vie du cœur avec Jésus. Celle-là se maintient, grandit même et se développe. J'habite un ancien monastère d'Ursulines, dans lequel une demoiselle de Sézanne a ouvert un pensionnat. C'est à côté de tout ce petit monde que je vis. La directrice et trois de ses adjointes sont *filles de saint François de Sales*, vraies religieuses dans le monde. Cette directrice, qui est une sainte, est pleine d'égards pour moi, et elle a mis à ma disposition sa bibliothèque, qui est assez bien montée. J'en profite dans mes rares moments de loisirs... Je suis heureux. Je puis rester avec Jésus, et Jésus est assez bon pour rester avec moi. Dimanche dernier, fête du Saint-Sacrement, pour aider un prêtre infirme seul le matin, j'ai communié plus de 200 personnes. C'était la première fois. Vous devinez ma joie et aussi mon émotion visible jusqu'au bout des doigts. Jésus sans doute a voulu me dire qu'il ne m'oubliait pas. »

Le 25, il annonce qu'il a passé tout son après-midi à amuser les enfants d'un patronage, « comme s'il n'était né que pour ce faire ». Il paraît « que ça lui va assez bien ».

Le 11 juillet, il quitte, après six semaines, ce lieu de plaisance, et part pour les Flandres. De là, le 28, une dernière lettre à un de ses confrères : « J'ai quitté mon groupe de Philothées, comme vous le dites si bien, et cela depuis quinze jours pour venir réhabiter notre ancien pays, notre pays adoptif. Je suis à 30 kilom. au sud de l'endroit où nous vécûmes si agréablement six semaines en 1912 avec les Pères du Saint-Sacrement. Je pense encore quelquefois au bon Dieu, mais hélas ! que c'est loin d'être la vie ! Nous sommes en grand travail, en travail acharné, avec une certaine espérance et de grands projets... Dieu vous dira le reste... Mon capitaine venant de passer commandant, je lui succède comme commandant de batterie, ce qui n'est pas un petit tracas, surtout en un moment comme celui que nous passons ici. Je suis éreinté par le manque de sommeil, et, d'ici quelque temps, pas de chances de rattraper le temps perdu... De temps à autre, pendant un tir, j'ouvre l'Évangile ou Madame Carré de Malberg et c'est là à peu près toute ma vie spirituelle de la journée... Utilisez une partie de vos souffrances, de vos soupirs vers le ciel et des lectures qui les avivent de plus en plus, pour votre pauvre frère, qui, selon son habitude, tend la main de tous côtés, parce que dénué de tout. »

Sept jours après, le Bien-Aimé l'appelait soudainement à lui, et, après un moment de surprise, il se jetait entre ses bras avec le plus filial abandon. *Dilectus meus mihi et ego illi* : Cette parole, qu'il avait redite tant de fois, il pouvait la redire en toute sincérité.

Laissons ici parler les témoins et de la blessure, et de la mort de ce cher confrère. Voici le récit du premier : « C'était le 3 août, vers 4 heures du soir. Un camion de munitions venait d'arriver. Le lieutenant Dabo surveillait le déchargement lorsqu'un obus pour ainsi dire isolé s'en vint tomber au milieu de la route, dont le sol caillouteux, ne lui permettant pas de s'enfoncer en terre, le fit éclater sur le champ, occasionnant le coup de feu sur toute la zone d'action. La stupeur de l'éclatement passée, une plainte, oh ! combien douloureuse, s'éleva du lieu du sinistre, et l'on put voir le lieutenant Dabo cherchant à se soutenir sur une jambe, en s'appuyant sur l'auto. Son pied gauche violemment sectionné n'était plus retenu à la jambe que par un lambeau de chair. On accourut à son secours et on le transporta au P. C. de la Batterie. A peine laissait-il exhaler quelques plaintes. Sa résignation et son courage étaient admirables. A un moment où je me penchais vers lui pour lui soulever la tête, il me remercia et me dit : « Informez-vous donc, il y a eu un homme de tué à côté de moi, il a dû être mis en pièces, le malheureux, je n'ai pu voir qui c'était. » Et quand il eut appris son nom : « Pauvre garçon ! » fit-il. Cependant l'infirmier, accouru en toute hâte, faisait un premier pansement sommaire. Au moyen de deux bouts de planches, le pied était tant bien que mal, remis en place, puis, la culotte coupée, trois autres blessures apparurent alors, sanguinolentes. Un éclat l'avait touché au milieu de la jambe gauche, deux autres l'avaient atteint à droite, l'un à l'aine, et l'autre vers le milieu de la cuisse. Durant le pansement, pas une plainte ne s'échappa de ses lèvres ; à peine quelques gémissements involontaires, quand on lui remuait un membre blessé. Une fois les pansements terminés, refusant toute aide, il se plaça lui-même sur le brancard qu'on avait amené. En passant la porte du P. C. il demanda si son stylet n'était pas resté sur sa table puis, apercevant ses boîtes de cigarettes : « Mes cigarettes sont restées là, vous les fumerez, les enfants. » On l'emmena. Personne n'eut le courage de lui répondre. A la sortie, ceux qui l'avaient transporté vinrent lui serrer la main en lui souhaitant bon courage. « Que voulez-vous, dit-il, j'en ai pour une jambe. » Et, sur nos protestations, malgré tout peu affermies, il reprit d'un ton plein de douceur, mais aussi de résignation : « Oh ! allez, j'ai bien vu ! » Et aussitôt s'adressant à tous : « Allons, au revoir, tâchez de ne pas en attraper autant. » C'était plus que touchant, et je croirais mentir, si je disais qu'il n'y a pas eu des larmes dans plusieurs yeux ! Enfin il est parti ! Pour lui, hélas ! la guerre est terminée. La bataille de l'Yser, même si elle ne faisait pas d'autres victimes, nous aurait déjà coûté assez cher. »

Ecoutons maintenant le second témoin : « Le lieutenant Dabo, transporté à l'hôpital de Linde vers 6 h. 50 fut opéré à 7 h. 15 ; il décéda le 4 août vers 10 h. du matin. Quand, le 3 août à 8 h., je vins prendre mon service de nuit, M. Henry, infirmier-prêtre lui aussi, à qui je succède dans le service, m'apprit qu'on terminait l'amputation de la jambe d'un jeune diacre, sous-lieutenant d'artillerie. Je le vois, en effet, sur la table d'opération, où on achève le pansement du moignon, puis on l'emporte à la salle des grands blessés. L'opération semblait avoir bien réussi ; il ne souffrait pas trop. Son seul souci était d'annoncer cette triste nouvelle à sa mère. Vers 5 h. du matin, l'infirmier de visite de la salle — un séminariste du diocèse de Vannes. M. Guéré — vient me dire que le lieutenant est très agité et ne va pas bien. Je me rends aussitôt près de lui, et constate que son état n'a rien de rassurant, je lui fait savoir que je suis prêtre. Il me dit sa satisfaction de me voir et ajoute qu'il est diacre eudiste. Je le confesse, et il me demande la sainte Communion, mais je ne puis la lui apporter, car il venait de vomir et se trouvait encore sous l'effet de l'éther. Je lui promets de bien prier pour lui, durant la sainte Messe que je vais célébrer. Cependant, avant de m'y rendre, j'attends la visite du docteur ; deux viennent successivement ; le premier me dit qu'il en a encore pour quelques heures, l'autre qu'il est très mal : une gangrène gazeuse subaiguë s'était déclarée. Je n'hésite pas, je reviens au cher blessé et lui propose l'Extrême-Onction. Tout d'abord il est surpris, il ne croyait pas son état si grave ; mais il s'en rend compte, accepte et fait le sacrifice de sa vie avec une simplicité et une générosité surtout qui m'ont édifié pour toutes ses intentions. Je lui administre l'Extrême-Onction, et lui donne l'indulgence plénière ; puis il me dit avec ferveur : « Je demande au P. Eudes de me sauver. » Je lui promets de m'associer à ses prières, et l'exhorte à vouloir bien accepter la volonté du bon Dieu à son sujet, quelle qu'elle soit. « Oh ! oui, me dit-il, de grand cœur. » Après quoi, je vais célébrer la sainte Messe. Pendant ce temps, le lieutenant Dabo est transporté au pavillon des blessés très graves, où se trouve un prêtre-infirmier qui lui renouvelle l'absolution quelques instants avant sa mort. Tout le temps que je l'ai vu, il a gardé son entière présence d'esprit, il a fort bien compris son état, et, après quelques moments d'hésitation, bien naturelle, il a vu venir la mort en souriant. « Pour combien d'heures en ai-je encore, M. le Major ? », demanda-t-il au médecin, qui le visitait, et cela avec le sourire sur les lèvres. »

Recueillons enfin ce témoignage si élogieux du capitaine Lamare, commandant la   e batterie. « Le lieutenant Dabo a supporté avec un courage splendide les douleurs violentes qu'il subissait et a fait l'admiration de tous en ces moments tragiques. Contre toute prévision médicale, il a été enlevé le lendemain par une gangrène gazeuse, et, si nous étions certains qu'il perdrait la jambe gauche, nous n'aurions jamais cru que sa vie était en danger à ce point. La nouvelle de son décès nous a absolument atterrés. C'était un garçon excessivement sympathique, d'une hardiesse peut-être trop grande et qui probablement lui a valu sa mort.

J'espérais bien lui faire avoir la Légion d'Honneur. Malheureusement, lorsque le colonel est allé à son chevet, il n'était plus. Nous avons obtenu une citation à l'Armée : puisse-t-elle adoucir la douleur de sa pauvre mère et de toute sa famille. »

Voici cette citation à l'ordre de l'armée Nᵒ 33 du 12 août 1917. « Officier d'une grande bravoure, toujours prêt à payer de sa personne quel que fût le danger. Le 3 août 1917, au moment où un violent bombardement s'abattait sur la position, est sorti de son abri pour maintenir par sa présence l'ordre dans un ravitaillement en cours. Atteint de plusieurs éclats d'obus, est mort le lendemain des suites de ses blessures. »

Ce cher confrère a été inhumé dans le cimetière de Linde, au bord nord-est, au milieu d'une rangée d'autres tombes d'officiers, sa tombe porte le numéro 4. Une belle couronne y a été déposée avec cette inscription : « Le colonel et les officiers du   ° A. L. » Au dessous, sur une petite planchette, se lit une autre inscription, tracée par la main de ses hommes et dictée par leur cœur : « Ses vertus, son courage, l'ont fait aimer de tous. » Oui, et même au delà du tombeau, car son souvenir les accompagne dans leurs luttes, et leur amour lui a fait célébrer un service funèbre.

Dilectus Deo et hominibus, disions-nous plus haut, aimé de Dieu et des hommes, résumant en ces paroles de nos Livres Saints toute la vie de notre cher disparu. Ceux qui ont vécu à ses côtés et sous ses ordres confirment éloquemment par leur épitaphe, si belle dans sa simplicité, la vérité de notre assertion. Oui, il était aimé d'eux comme il était aimé de tous, grâce à sa bonté, grâce à sa vertu, grâce surtout à son admirable abandon à la volonté de Dieu qui gardait son âme dans une paix et une sérénité parfaites et rendait son commerce si agréable.

Et cet attachement, cet amour, né de la reconnaissance, de l'estime et de l'admiration, l'un de ses jeunes canonniers servants va nous le traduire en quelques pages émouvantes, jaillies de son cœur et du cœur de ses camarades.

« Rien ne pouvait m'être plus consolant que votre affirmation de la sainteté de votre confrère. Je ne m'étais donc pas trompé dans mon jugement. Certes la profonde humilité, qui sauvegardait les vertus du regretté M. Dabo, nous cachait la resplendissante beauté de son âme. Toutefois son inaltérabilité d'humeur et sa bienveillance constante faisaient soupçonner une grande pacification d'âme et une grande perfection intérieure. Cette intuition de beauté spirituelle ne s'imposa jamais plus fortement à mon esprit qu'un jour, où voyant ouvert devant moi un commentaire de l'*Imitation de Jésus-Christ*, il me désigna doucement le 4e livre, en disant : « Etes-vous bien avancé dans la consolation intérieure ? » En lui répondant vivement non, je ne pus m'empêcher de penser que j'avais devant moi non pas un novice, mais un expert et maître en cette étape de la vie spirituelle où l'on arrive à l'union intime avec Dieu et à parler avec Lui cœur à cœur. C'est de cette impression si nette que j'eus alors de la perfection de M. Dabo, que je pars, lorsque je veux me rappeler l'influence heureuse de son exemple. En effet rien de saillant dans sa conduite, mais un profond équilibre moral, et cela seul instruisait.

« Mais que vais-je m'attarder sur un souvenir personnel. Vous en savez sûrement plus long sur la simplicité, la charité, l'héroïsme de votre pieux confrère.

« Toutefois je pense devoir encore vous dire qu'en de certaines circonstances, sa perfection et son calme ont paru, aux yeux de tous, comme un pronostic de ce qu'il saurait être en des moments plus critiques. Je n'en puis dire davantage, par prudence et par charité.

« Tout chrétien affectionne ses frères. M. Dabo pratiquait cette règle si étendue de la charité chrétienne sans aucune affectation, et pour ainsi dire silencieusement, ce qui n'en faisait que plus ressortir la délicatesse. « Je trouve plus belles les belles actions qu'on m'a voulu cacher », disait Pascal. Il trouvait certainement plus belle la simplicité chrétienne qui ni ne fuit les regards, ni ne les cherche.

« Dans les dernières fois que M. Dabo eut à commander, il s'ingénia à encourager la bonne volonté de tous, avec une grande finesse de tact, intéressant ses hommes au labeur qu'ils fournissaient, les tenant au courant du moindre résultat appréciable auquel ils avaient pu coopérer, tenant aussi en éveil leur courage et leur activité, et leur donnant l'impression que nul n'était oublié. Il prévenait, d'ailleurs, leurs besoins dans la mesure qui lui était possible. Enfin il payait lui-même d'exemple : On l'a vu plusieurs fois transporter sur ses épaules des caisses de douilles, lorsqu'une de ses pièces venait à en manquer. On l'a vu également, lorsque deux voitures s'étaient embourbées dans une fondrière, se rapprocher de ses hommes et tranquillement, sans aucune parole de reproche ou de vivacité, leur indiquer ce qu'il y avait à faire pour en sortir. Il prouvait ainsi une fois de plus que « la véritable grandeur et la vraie dignité ne s'avilissent pas en s'abaissant, en se laissant manier et toucher, qu'elles savent se courber par bonté et se redresser sans effort, et nous faire paraître un homme grand, et même très grand, sans nous faire sentir que nous sommes petits. »

« Il connaissait ce secret, ce vrai serviteur de Dieu, et rien ne m'émeut plus que d'entendre parler de lui par un de ceux dont il avait su conquérir l'affection.

« Inutile de rappeler sa bravoure que jamais personne ne mit en doute, que quelques prudents peuvent critiquer, mais qui seule peut entraîner des cœurs toujours faibles devant l'héroïsme et le martyre. Le lieutenant Dabo savait que le meilleur moyen d'inspirer confiance, c'est de montrer de la force d'âme, et cela il le faisait aussi simplement qu'il avait accoutumé de faire toutes choses, comme *il nous faisait aussi simplement* ses offres de serviabilité. Sa vertu avait, en effet, un plus solide fondement que l'amour-propre : une vie intérieure intense en était la source. Cette simplicité qui parait toutes ses actions est cause de l'oubli de bien des détails. Le naturel constant avec lequel il agissait empêchait qu'on fût frappé de l'effort vertueux, et l'on ressentait plutôt l'influence d'un ensemble qui ravissait par sa régularité, qu'on n'était impressionné par la beauté de chaque acte. Cela dénote une constance de vertu plus admirable que quelques efforts de vertu, qui ressortent surtout par leur isolement, quand ce n'est pas hélas ! par le contraste...

« Notre-Seigneur a dit qu'on n'allumait pas la lampe pour la mettre sous le boisseau. Si nous n'étions éclairés par notre foi, nous pourrions nous plaindre à Lui de nous avoir enlevé M. Dabo, car il ne nous éclairera plus de son exemple ; son regard si clair ne se posera plus sur nous. Mais non, comme le dit Sully-Prudhomme :

> Comme les astres penchants
> Nous quittent, mais au ciel demeurent,
> Les prunelles ont leurs couchants,
> Mais, il n'est pas vrai qu'elles meurent.
> Bleus ou noirs, tous aimés, tous beaux,
> Tournés vers quelque immense aurore,
> De l'autre côté des tombeaux,
> Les yeux qu'on ferme voient encore.

Eh bien, Monsieur, de même que votre première pensée a été de compter au ciel un protecteur de plus pour votre Congrégation, de même une des premières réflexions que l'on m'a faites, quand j'appris sa mort, le lendemain à l'ambulance a été celle-ci : « Il fera maintenant encore plus de bien à la batterie qu'il n'en aurait fait, s'il vivait encore. » C'est sur cette pensée consolante que je vous quitte, en vous priant, etc... »

Et c'est aussi sur ces pensées que nous terminons cette notice. Le cher frère Dabo faisait notre joie et notre admiration, quand il passait parmi nous : son regard était si pur, son front si serein, son visage si paisible, son sourire si bon, sa piété si simple et si vraie, son attitude à la chapelle si révélatrice de sa vie d'union avec Jésus, sa faim de l'Eucharistie si ardente, son amour du Sacré-Cœur si débordant, qui, à chacun de ses passages à Paris, l'attirait à Montmartre pour y passer de longues heures dans une douce et amoureuse contemplation. Oui, toutes ces grandes et belles vertus, jointes à sa haute taille et à sa puissante constitution, suscitaient dans nos cœurs de légitimes espérances : il se formait là, pensions-nous, un apôtre zélé des Saints Cœurs, un utile, un incomparable ouvrier pour le champ du Père de famille, un entraîneur d'âmes dans les voies de la sainteté. Et Jésus nous l'a ravi en quelques heures !!! Mais, pour ne l'avoir plus dans sa chair mortelle, nous ne l'avons pas perdu. Il vit plus que dans notre souvenir : au ciel, où il jouit de la présence de son Bien-Aimé, il nous reste uni par des liens invisibles, mais réels ; il vit pour nous, pour sa chère Congrégation de Jésus et Marie, plus que jamais ; plus que jamais aussi pour ces jeunes confrères qu'il a tant aimés et qui l'ont tant aimé, leur préparant la voie, leur promettant assistance dans leurs travaux ; plus que jamais enfin pour ses chers soldats, qu'il appelait ses amis, ses enfants, « ses gâs » et qu'il affectionnait comme tels, veillant sur eux pour les protéger contre les dangers du corps et surtout contre les dangers de l'âme, bien autrement funestes, puisqu'ils risqueraient de les séparer de lui pour toujours.

IMPRIMERIE CATHOLIQUE DE L'EST. — BESANÇON